CHAPITRE V

5-329 Paris. Typ. Morris père et fils, 64, rue Amelot.

CHAPITRE V

COMÉDIE EN UN ACTE

PAR

M. ÉMILE ABRAHAM

Représentée pour la première fois, à Paris,
sur le théâtre Déjazet, le 9 février 1862.

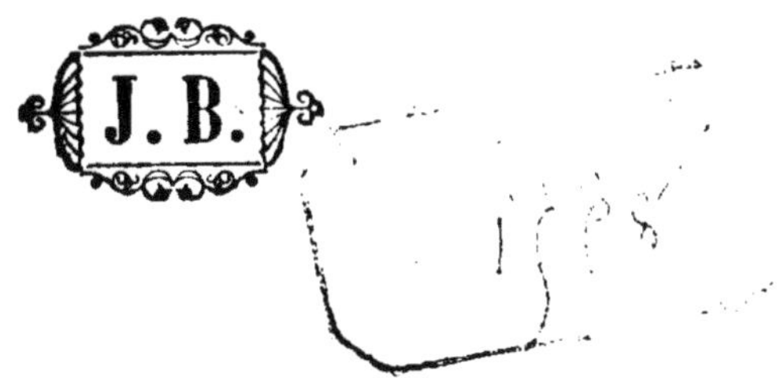

PARIS
J. BARBRÉ, ÉDITEUR
BOULEVARD SAINT-MARTIN, 12

1875

PERSONNAGES

GROSPOULOT........................	MM. TOURTOIS.
MAURICE, son neveu.................	GEOFFROY.
MADAME ZÉNOBIE GROSPOULOT.....	Mmes A. MOREL.
ÉLISE, nièce de madame Grospoulot.....	THUILIER.
FLIPOTTE, bonne de Grospoulot........	H. NEVEUX.

La scène se passe de nos jours, à Puteaux.

CHAPITRE V

Le théâtre représente un jardin : à droite du public, un pavillon élevé de quelques marches; un banc de pierre devant le pavillon; table rustique à gauche du spectateur; chaises.

SCÈNE PREMIÈRE

GROSPOULOT, ZÉNOBIE, ÉLISE, FLIPOTTE.

(*Grospoulot est assis sur le banc; Zénobie et Elise sont assises à table.*)

GROSPOULOT, *se levant et regardant sa montre.*

Moins vingt-huit... encore vingt-sept minutes...

FLIPOTTE, *descendant du pavillon avec un plateau qu'elle pose sur le guéridon.*

Voici le café... (*Allant à Grospoulot qui se promène avec agitation**) Not' maître, le café est servi. (*Bas.*) Dites donc, not' maître, voici encore une lettre de l'olibrius d'en face.

GROSPOULOT.

Bien... donne... (*Il remonte**.*)

FLIPOTTE, *à part.*

C'est la dix-septième... Faut-il qu'il n'ait pas de sang dans les veines!... Comme je lui aurais déjà flanqué quelque chose, moi!... (*Elle rentre dans le pavillon.*)

* Él. Zén. Fl. Gr.

** Él. Zén. Gr. Fl.

GROSPOULOT, *regardant sa montre.*

Moins vingt-trois... encore vingt-deux minutes.

ZÉNOBIE.

Tu regardes bien souvent ta montre, monsieur Grospoulot?

GROSPOULOT.

C'est que je suis d'une impatience! je ne vis pas... je bous... je suis sur des charbons ardents.

ZÉNOBIE, *se levant.*

Qu'est-il donc arrivé?... Tu me glaces de frayeur.

GROSPOULOT.

Calme tes alarmes, madame Grospoulot...

ZÉNOBIE.

Mais enfin?

GROSPOULOT.

Ma foi, bobonne, le secret m'étouffe... je voulais te laisser la surprise, mais je n'y tiens plus...

ZÉNOBIE.

Enfin, qu'y a-t-il?

GROSPOULOT.

Il y a, Zénobie, que les Grospoulot s'illustrent... Il y a, Zénobie, que mon neveu Maurice a écrit un livre de philosophie!...

ÉLISE, *se levant et avec élan.*

Monsieur Maurice?...

GROSPOULOT.

Lui-même!... ton Maurice...

ZÉNOBIE.

Ton futur mari.

GROSPOULOT.

Il y a, Zénobie, que Maurice vient faire imprimer son livre à Paris... Débarqué de ce matin dans la capitale, il arrive à Puteaux par le convoi de cinq heures cinquante-neuf minutes. (*Regardant sa montre.*) Moins dix-sept... plus que seize minutes... ou plutôt encore seize minutes...

ÉLISE, *avec joie.*

Plus que seize minutes !...

GROSPOULOT.

Ce cher Maurice !... je vais donc enfin le revoir !... que le temps me semblait long après lui !... Ce garçon-là fera son chemin... c'est un esprit juste... une intelligence d'élite... Je l'ai toujours dit, malgré son père, qui le regardait comme un petit pédant... Mais j'ai du jugement, moi, et tout en vendant de l'huile de foie de morue, j'ai deviné un grand homme en monsieur mon neveu... (*Regardant sa montre.*) Encore douze...

ZÉNOBIE.

J'espère, monsieur Grospoulot, que vous n'allez pas, avec votre exagération ordinaire, nous sacrifier à votre nouveau caprice... Je pense que vous ne négligerez pas vos devoirs...

GROSPOULOT.

Sois tranquille, ma Zénobie, je t'aimerai toujours avec la même ardeur.

ZÉNOBIE.

Je vais donner des ordres pour qu'on prépare une chambre pour ton neveu... (*Elle remonte.*)

ÉLISE.

Une très-belle !...

GROSPOULOT.

La plus belle et surtout la plus proche de la nôtre...

ZÉNOBIE.

Pourquoi pas la nôtre ?... Viens-tu, Élise ?

ÉLISE.

Oui, ma tante.

(*Zénobie et Élise entrent dans le pavillon.*)

SCÈNE II.

GROSPOULOT, *puis* FLIPOTTE.

GROSPOULOT, *seul.*

Ma foi, je suis fort aise de l'arrivée de mon cher neveu... On ne saurait être plus heureux que moi, sans doute... J'ai trouvé en Zénobie un véritable trésor.., Mais on se lasse même de trop de félicité... et cette existence régulière me semble un peu monotone, habitué que j'étais à la vie active dans l'huile de foie de morue... Maurice nous apportera cette distraction ennemie de l'ennui... Et puis j'ai tant de choses à lui dire... tant de conseils à lui demander!... C'est que j'ai en lui une confiance illimitée. (*On entend la cloche du chemin de fer.*) Voilà le train!... c'est lui!... Je suis ému. (*Courant au pavillon.*) Zénobie!... Zénobie!... voici le convoi!... voici Maurice... Zénobie! apprête-toi!... Où est mon chapeau?... Mon chapeau!... (*Appelant.*) Flipotte! Flipotte!...

FLIPOTTE, *sur le perron**.

Quoi qu'y n'y a?

GROSPOULOT.

Mon chapeau!... vite!... C'est le train,.. c'est mon neveu!

FLIPOTTE.

Bien, not' maître!

* Gr. Fl.

GROSPOULOT.

Il est déjà descendu de wagon ; nous allons nous croiser, peut-être, et sans nous reconnaître !... Flipotte, mon chapeau !... mon chapeau !

FLIPOTTE, *lui apportant son chapeau.*

Voilà, not' maître !

GROSPOULOT.

Donne... Préviens madame... le convoi... qu'on soit là pour le recevoir.

FLIPOTTE.

Le convoi ?

GROSPOULOT.

Oui... non... mon neveu. (*Il va pour sortir ; Maurice paraît, tenant une valise.*)

MAURICE, *venant de la gauche* *.

M. Grospoulot, s'il vous plaît ?

GROSPOULOT.

Maurice !...

MAURICE.

Mon oncle ! (*Ils se jettent dans les bras l'un de l'autre.*)

SCÈNE III

GROSPOULOT, MAURICE.

GROSPOULOT.

Ce cher Maurice !... que je suis aise de le revoir !... Tu dois être fatigué... Veux-tu qu'on te mène à ta chambre ?

MAURICE.

Je ne suis pas fatigué, mon oncle.

GROSPOULOT.

Tu dois avoir faim ?

* Gr. M.

MAURICE.

J'ai mangé au buffet.

GROSPOULOT.

Tu as soif, au moins?

MAURICE.

Je me suis rafraîchi à la dernière station.

GROSPOULOT, *faisant asseoir Maurice.*

Assieds-toi ici... auprès de moi... (*Ils s'asseyent.*)

MAURICE.

Mon oncle, je vous en prie, pas tant de façons.

GROSPOULOT.

Et Zénobie qui ne vient pas!... Zénobie, c'est ma femme... car je suis marié... Je suis impatient de te présenter à madame Grospoulot... Tu verras!... Une perle... jeune... et belle!...

MAURICE.

Ah!

GROSPOULOT.

Quand je dis belle... je veux dire pas trop mal... (*A part.*) C'est un gaillard... (*Haut.*) Quand je dis jeune... je veux dire jeune pour moi... Et je suis l'homme du monde le plus heureux... et je n'ai qu'à m'applaudir d'avoir pris une détermination qui m'assure le repos pour le restant de mes jours.

MAURICE, *à part.*

Un de plus dans la confrérie.

GROSPOULOT.

Oui, voici ton vieil oncle qui pensait rester célibataire... voici ton vieil oncle enchaîné par les liens sacrés de l'hyménée... chaînes bien douces à porter, tu verras.

MAURICE.

Moi?... Vous plaisantez!.... Jamais! (*Il se lève.*)

GROSPOULOT, *de même, et lui prenant le bras; ils se promènent en parlant.*

Jamais? C'est toi qui plaisantes... Et cette chère Elise que tu aimes tant... J'espère bien vous marier avant peu... Ah çà !... qu'ont dit tes maîtresses de te voir partir?

MAURICE, *s'arrêtant.*

Mes maîtresses?... Ah! mon oncle, ne parlons pas d'un passé!...

GROSPOULOT.

Oh ! je ne suis pas un oncle grognon, moi... J'ai fait mes farces... et je comprends la jeunesse... La jeunesse, c'est une maladie dont on guérit toujours trop tôt... avec ou sans huile de foie de morue.

MAURICE.

Mon Dieu, mon oncle, si je suis jeune en âge, je suis vieux en expérience... Et j'espère vous le prouver bientôt par la lecture de mon « *Cœur des femmes.* »

GROSPOULOT.

Ton *Cœur des femmes?*

MAURICE.

Oui, mon livre de philosophie.

GROSPOULOT.

Il s'appelle ?

MAURICE.

Le Cœur des femmes.

GROSPOULOT.

Parfait ! parfait !... *Le Cœur des femmes*, c'est un titre... un titre épatant... Le Cœur des femmes ! grand volume in-8°, sur papier velouté... Avec un portrait de l'auteur... Prix : 7 francs... Non, prix : 12 francs..

Tu vas nous faire tout de suite la lecture des principaux chapitres... (*Appelant.*) Flipotte ! (*Flipotte paraît et descend.*) Vous n'avez donc pas annoncé à madame la grande nouvelle ?

FLIPOTTE.

Voici madame, not' maître? (*Elle passe derrière Grospoulot et range les chaises. Elle rentre dans le pavillon* *.)

SCÈNE IV

LES MÊMES, ZÉNOBIE, ÉLISE.

(*Zénobie et Elise sortent du pavillon*).

GROSPOULOT, à *Zénobie* **.)

C'est mon neveu... C'est Maurice... Tu sais... l'auteur... le philosophe... (*A Maurice.*) Zénobie Grospoulot, ma femme.

ZÉNOBIE, *saluant.*

Monsieur...

MAURICE, *allant à Zénobie et balbutiant* ***.

Je ne saurais vous dire, madame... Croyez que... et mes sentiments affectueux... (*Présentant son oncle.*) Mon oncle Grospoulot... d'ailleurs, madame...

GROSPOULOT, *à Zénobie.*

Hein !... Comme il s'exprime !

ZÉNOBIE.

Quant à moi, monsieur, il suffit que vous soyez le neveu

* M. Gr. Fl.
** M. Gr. Zén. Él,
*** Gr. M. Zén. Él.

de mon mari pour être le bienvenu. (*Elle remonte, Maurice passe auprès d'Élise* *.)

MAURICE, *à Elise.*

Je suis bien heureux de vous revoir, mademoiselle; voilà bien longtemps que...

ÉLISE.

Bientôt un an... chez ma grand'maman. Quel bon temps, hein? Mais, elle se plaint de vous... à votre dernier passage dans sa petite ville, vous n'êtes pas allé lui rendre visite. Ah! ce n'est pas aimable... (*Avant qu'Élise n'ait terminé se phrase, Maurice lui a tourné le dos, il est allé s'asseoir sur le banc à droite et ouvrir un manuscrit* **.)

GROSPOULOT.

Sans plus tarder, il va lire un chapitre du *Cœur des femmes.*

ZÉNOBIE.

Du *Cœur des femmes*?

GROSPOULOT.

Son ouvrage... Un chef-d'œuvre, ma chère.

ZÉNOBIE.

Tu le connais déjà?

GROSPOULOT.

Moi? non.

ÉLISE, *à part.*

Comme il est changé... Quelle froideur... C'est tout au plus s'il me regarde, lui qui, autrefois... Il ne m'aime plus... (*Elle remonte* ***.)

* Gr. Zén. M. Él.

** Gr. Zén. Él. M.

*** Gr. Él., un peu remontée, Zén. M.

ZÉNOBIE, *croyant parler à Élise.*

Élise, ma chère enfant... dis-moi... (*S'apercevant qu'Élise est dans un coin.*) Eh bien, que fais-tu donc? (*A part.*) Je comprends, elle croyait revoir le héros de ses rêves, et elle n'a plus trouvé qu'un savant. (*Haut, allant à lui*.*) Monsieur Maurice, nous ferons plus tard la lecture de votre chef-d'œuvre... J'ai quelques ordres à donner.

(*Zénobie et Élise sortent par le pavillon.*)

SCÈNE V

GROSPOULOT, MAURICE.

GROSPOULOT.

Eh bien... que dis-tu?... Hein! Voilà une vraie femme?

MAURICE.

Vous le savez mieux que personne.

GROSPOULOT.

Et cette petite Élise?... Quelle grâce! Comme c'est joli... comme c'est bâti!... Mais, un instant, mauvais sujet! cette petite femme n'est pas encore la vôtre. (*Il se lève et passe à gauche **.*) C'est une enfant qui m'est confiée... Et puis, c'est sage, c'est candide....

MAURICE, *avec incrédulité.*

Candide!

GROSPOULOT.

C'est naïf...

* Gr. El. M. Zén.
** M. Gr.

MAURICE, *de même.*

Naïf!

GROSPOULOT.

Oui, naïf; oui, candide. (*Maurice hausse les épaules.*)

MAURICE.

Dites-moi, mon oncle Grospoulot, vous devez être un peu horticulteur?

GROSPOULOT.

Je cultive les pissenlits, mais il n'est pas question de cette plante chicoracée... ne cherche donc pas à éluder mes questions. De quel droit doutes-tu de la candeur d'une jeune fille qui n'a jamais quitté la crinoline de sa mère?

MAURICE.

Écoutez, oncle trop crédule et trop aveugle : je ne saurais faire pousser les pissenlits, encore moins épurer les huiles; mais je sais peut-être mieux que vous ce que sont les hommes et surtout ce que sont les femmes. Mon essai philosophique, que nous lirons ce soir, est un tableau du caractère des femmes, où je mets en évidence comment les défauts l'emportent chez elles sur les qualités... (*Grospoulot rit.*) où je soutiens que pas une n'est fidèle...

GROSPOULOT.

Tu es fou!... Cependant, voici une preuve frappante du contraire : Zénobie est la vertu même.

MAURICE.

Je respecte ma tante...

GROSPOULOT.

Nous rappelons à ceux qui contemplent notre bonheur sans nuage, Héloïse et Abeilard, Philémon et Baucis, Orphée et Eurydice.

MAURICE.

Patience !

GROSPOULOT.

Comment, patience ? Que veux-tu dire?

MAURICE.

Moi ? Rien.

GROSPOULOT.

Mais je t'affirme que ma femme est vertueuse dans le fond de l'âme.

MAURICE.

Cela me fait plaisir.

GROSPOULOT.

Et que jamais je n'aurai sur elle le plus léger doute.

MAURICE.

Je m'en réjouis.

GROSPOULOT.

C'est que tu as l'air de dire... C'est vrai, avec ton « patience, patience! » (*Passant à gauche* *.) Tu es un grand nigaud.

MAURICE.

Ah ! que vous venez bien confirmer les assertions que je donne dans mon cinquième chapitre !

GROSPOULOT.

Ton cinquième chapitre?... Ah ! oui, ton *Cœur des femmes*,.. Tu dis qu'il est question de moi dans ton cinquième chapitre? Je te défends de prononcer mon nom... ni celui de madame Grospoulot.

MAURICE ; *il s'assied sur la chaise à droite de la table et lit son manuscrit.*

Soyez tranquille... D'abord, il y serait que vous ne le

* Gr. M.

verriez pas... tout naturellement.. comme un mari que vous êtes.

GROSPOULOT, *passant à droite, à part**.

Son assurance n'est pas sans me tourmenter un peu... C'est un garçon intelligent... rempli de savoir... de pénétration. Ah bah! c'est impossible!... Zénobie... j'en suis sûr, est... (*Le jour diminue.*)

SCÈNE VI

LES MÊMES. FLIPOTTE.

FLIPOTTE, *sortant du pavillon.*

Not' maître... madame vous fait dire comme ça que vous allez vous enrhumer au jardin... qu'il est temps de rentrer au salon. (*Elle va à la table, qu'elle débarrasse, tout en écoutant ce qui se dit.*)

GROSPOULOT.

C'est vrai... il se fait tard, rentrons... (*Ils vont pour rentrer dans le pavillon. Grospoulot, se ravisant, emmène Maurice à droite sur l'avant-scène**.*) Dis-moi un peu... simple curiosité... ce que chante ton cinquième chapitre. (*Flipotte dessert le café et range la table.*)

MAURICE.

Mon cinquième chapitre met en scène ce mari confiant qui se figure avoir été été épousé pour lui-même, quand c'est à sa fortune qu'on en voulait seulement. Ce mari s'aperçoit un jour qu'il a fait une sottise en se mariant avec une fille sans dot, beaucoup trop jeune pour lui, beaucoup

* M. Gr.
** Fl. M. Gr.

mieux élevée que lui... et qui se console avec un gandin quelconque d'avoir fait, elle aussi, une sottise en se vendant à un lourdaud.

FLIPOTTE, *à part.*

Quoi donc qu'il baragouine celui-là?

GROSPOULOT.

Dis donc, hé! là-bas... pas de bêtise! hein!... Je te le répète...

MAURICE.

Mais, mon oncle, je ne fais pas de personnalité!... Vous me demandez le contenu de mon cinquième chapitre, et...

GROSPOULOT.

J'en ai la chair de poule.

MAURICE.

Allons au salon... nous y sommes attendus.

GROSPOULOT.

Attends. (*A lui-même en passant à gauche* *.) Tout ce qu'il dit est le fruit de longues méditations... D'ailleurs... c'est un esprit droit... C'est drôle... me voici tout chose... Ah! je veux m'assurer... (*Allant à Maurice et le faisant descendre à droite***.) Ainsi, tu soutiens, Maurice, que pas une femme n'est fidèle?

MAURICE.

Je ne dis pas que ce soit général; seulement, je soutiens que si on voulait bien s'en donner la peine...

* Gr. Fl., à la table, Maur.
** Fl. Gr. M.

GROSPOULOT.

Maurice... je veux confondre la science. Oui, moi, ex-marchand d'huile de foie de morue... je veux prouver à un savant... à un philosophe, qu'il radote.

MAURICE.

Comment cela?

GROSPOULOT.

Comment cela?... Tu vas faire la cour à ta tante.

MAURICE.

Hein!... Comment!... vous dites?

FLIPOTTE, *à part.*

Mais il est fou, not' maître!

GROSPOULOT.

Pour rabattre ton caquet tout simplement; car tu penses bien que je suis sans la moindre inquiétude sur mon sort.

MAURICE.

Sans doute.

FLIPOTTE, *à part.*

Ah! gredin!...

GROSPOULOT.

Il y a justement un imbécile de voisin... un certain Gargouillard qui écrit à ma femme... il en est à sa dix-septième lettre... Bien entendu, je les ai toutes interceptées... mais elle n'est pas sans se douter des assiduités du susdit Gargouillard... Tout à l'heure trouve toi seul avec elle ici... sous le premier prétexte venu, je la ferai descendre au jardin... La nuit, tous les chats son gris... (*Emmenant Maurice à gauche, pendant que Flipotte gagne la droite,* *emportant les tasses à café, etc.**.) Deviens le Gargouillard en question... Gargouille... non, gazouille une tendre déclaration, et tu seras convaincu par toi-même de la sotte prétention et de la fausseté de ton cinquième chapitre.

FLIPOTTE, *à part.*

Ah! qu'il mériterait bien qu'on lui en mît une bonne paire!

GROSPOULOT.

Quant à Élise, je m'en charge; je lui fais une déclaration brûlante... (*Mouvement de Maurice.*) Eh bien, qu'est-ce que tu as? on dirait que cela te contrarie!

MAURICE.

Moi? Nullement.

GROSPOULOT.

Je suis encore assez jeune, je pense, pour n'être pas ridicule en parlant d'amour; nous verrons bien.

FLIPOTTE, *arrivée sur les marches du pavillon.*

En v'là, deux chenapans! Allons prévenir madame et mademoiselle Élise. (*Elle sort.*)

SCÈNE VII.

GROSPOULOT, MAURICE.

GROSPOULOT.

Eh bien, que penses-tu de mon plan, est-il assez fort?

MAURICE.

Il me tente.

* Gr. M. Fl.

* M. Gr.

GROSPOULOT.

Inutile de te rappeller que ma femme est ta tante... Qu'elle a droit à tout ton respect.

MAURICE.

Vous avez peur ?...

GROSPOULOT.

Peur ?... Moi?

MAURICE.

Rassurez-vous... je suis certain que je n'aurai pas besoin d'aller jusqu'au bout...

GROSPOULOT, *passant à droite* *.

Jusqu'au bout?...

MAURICE.

Vous hésitez ?...

GROSPOULOT.

Moi? hésiter! Allons donc! (*Remontant à gauche.*) Viens préparer notre attaque !... (*Redescendant prendre le bras de Maurice.*) Viens te préparer à rougir de honte.

MAURICE.

Plût à Dieu! (*Ils sortent au fond à gauche.*)

SCÈNE VIII

ZÉNOBIE, ÉLISE, FLIPOTTE **.

ZÉNOBIE, *sortant du pavillon.*

Ah! c'est trop fort! Et tu affirmes ce que tu viens de me rapporter ?

* Gr. M.

** Zén. Él. Fl.

FLIPOTTE.

Madame, je ne me permettrai pas d'inventer une pareille chose.

ZÉNOBIE.

Ah ! M. Grospoulot, vous me payerez cela.

ÉLISE.

C'est affreux, ma pauvre tante ! Comment mon oncle ose-t-il douter de vous... vous, la plus honnête des femmes.

ZÉNOBIE.

J'étais bien sûre que son imbécile de neveu lui ferait tourner la tête.

FLIPOTTE.

Fallait voir comme le petit monsieur, « le phirolosophe, » comme il dit ça... semblait certain de vous prendre en défaut.

ZÉNOBIE.

Ce Maurice dont tu m'avais fait un si charmant portrait, qui t'aimait avec tant d'exaltation !

ÉLISE.

Ah ! Il est bien méconnaissable, je vous jure... Il a trop étudié ; ça lui aura tourné la tête.

ZÉNOBIE.

Pauvre petite ! (*Musique. Nuit complète.*)

FLIPOTTE, *remontant.* *

Madame, on dirait qu'on marche dans l'allée.

ZÉNOBIE.

Ce sont eux, sans doute... Laisse-nous, Flipotte. (*Flipotte sort par le pavillon.*)

* Fl. Él. Zén.

SCÈNE IX.

Les Mêmes, GROSPOULOT, MAURICE, *venant du fond à gauche* *.

MAURICE.

Mon oncle, je crois apercevoir des ombres.

GROSPOULOT.

Ce sont elles.

MAURICE.

On n'y voit pas.

GROSPOULOT.

C'est clair.

(*Musique à l'orchestre. Les deux femmes gagnent le milieu de la scène; là, elles se séparent; Élise gagne la gauche, Zénobie la droite; Maurice descend au milieu et va suivre Élise quand Zénobie fait « psit! » Il tourne après elle, Élise à son tour fait « psit! » alors Maurice suit cette dernière; Grospoulot, qui avait voulu aller au-devant d'Élise avant qu'elle eût appelé Maurice, se trouve détourné par un second « psit! » de Zénobie qui est remonté vers les marches du pavillon* **. *Il prend la main de sa femme.*)

MAURICE.

Est-ce vous?

ÉLISE.

Oui!

MAURICE.

Vous, Zénobie?

* Gr. M. Él. Zén., sur le devant.

** Él. M., à gauche; Gr. Zén., à droite. — Ces « psit! » ne se font qu'après l'ensemble.

ÉLISE, *à part.*

La voix de Maurice!... Allons, courage! (*Haut.*) Oui, c'est moi, moi, Zénobie...

MAURICE.

Je suis Gargouillard. Gargouillard qui vous aime...

ÉLISE.

Monsieur Gargouillard, vous abusez de ma faiblesse pour vous.

MAURICE.

Puisque votre mari n'est pas là... prenez mon bras... (*Élise lui donne le bras et ils se promènent, puis ils disparaissent à gauche pendant le dialogue suivant.*)

GROSPOULOT, *à Zénobie.*

Est-ce vous, Élise?

ZÉNOBIE.

Oui, c'est moi.

GROSPOULOT.

Et c'est moi aussi.

ZÉNOBIE.

Qui vous?

GROSPOULOT.

Moi, Grospoulot.

ZÉNOBIE.

Mon oncle!

GROSPOULOT.

Élise! quel bonheur!... je te cherchais, mon enfant!

ZÉNOBIE.

Moi, mon oncle?

GROSPOULOT.

Oui, toi... Asseyons-nous et causons.

ZÉNOBIE.

Volontiers, mon oncle. (*Ils s'asseyent sur le banc à droite* *.)

GROSPOULOT, *à part.*

Par où commencer?... C'est assez embarrassant... Parbleu! si ce n'était pas ma nièce!... (*Haut.*) La belle soirée!...

ZÉNOBIE.

Très-belle... Seulement, un peu fraîche...

GROSPOULOT.

Pourvu que tu ne t'enrhumes pas, chère petite... Approche-toi de moi, que je te garantisse du froid.... (*Il l'attire vers lui.*)

ZÉNOBIE, *à part.*

Oh! le pendard!

GROSPOULOT.

Plus près... plus près encore... (*A part.*) Elle ne dit rien... Hum! Diable de Maurice, dans quelle position il me met .. Voilà maintenant que j'ai des tentations de jouer mon rôle au sérieux. (*Haut.*) Je te surprendrais bien, si je te disais quelque chose...

ZÉNOBIE.

Vous voulez m'intriguer?...

GROSPOULOT.

C'est... (*A part.*) Allons, il le faut... c'est dans l'intérêt de la morale! (*Haut.*) C'est que je t'aime...

ZÉNOBIE, *jouant l'ingénuité.*

N'est-ce pas naturel?... ne suis-je pas votre nièce?

GROSPOULOT.

Tu ne me comprends pas bien... C'est un amour violent... une passion effrénée....

* Gr. Zén.

ZÉNOBIE.

Que dites-vous?

GROSPOULOT.

Ce que mon cœur ne pouvait contenir plus longtemps.

ZÉNOBIE.

Plus bas!... Si ma tante savait...

GROSPOULOT.

Sois sans inquiétude. (*A part.*) C'est que j'y prends goût, ma parole d'honneur.

ZÉNOBIE.

S'il faut vous l'avouer, mon oncle... mais non, vous vous moqueriez de moi...

GROSPOULOT.

Parle... parle. (*A part.*) Voilà que je suis ému... (*Haut.*) Parle, je t'en supplie!

ZÉNOBIE.

J'ai deviné votre amour... et cet amour, je le partage.

GROSPOULOT.

Hein! dors-je ou ne dors-je pas?

ZÉNOBIE.

J'ajouterai que je suis heureuse plus que je ne saurais vous l'exprimer de pouvoir donner un libre cours à des sentiments qui m'étouffaient.

GROSPOULOT, *à part, se levant et descendant au milieu. Zénobie se lève et remonte* *.

Je rêve... ou je deviens fou!...

ZÉNOBIE, *se levant.*

Mais j'entends marcher... on vient... éloignons-nous... Ton bras, mon Ernest...

GROSPOULOT, *à part.*

Ça me fait un drôle d'effet... j'en suis tout je ne sais

* Gr. Zén.

quoi, et en même temps je ne sais quelle contenance avoir ; c'est mon satané physique qui a fait des siennes. (*Zénobie s'appuie doucement sur le bras de Grospoulot ; ils disparaissent dans une allée à droite, au-dessus du pavillon.*)

ÉLISE, *rentrant en s'appuyant amoureusement sur le bras de Maurice.*

Vous jurez de m'aimer toujours ?

MAURICE.

Oh ! toujours (*A part.*) Mon pauvre oncle!... je n'oserais jamais lui dire... Après tout, il l'a voulu...

ÉLISE.

Je vous en prie, soyez prudent, Gargouillard... vos lettres ont failli me compromettre.

MAURICE, *à part.*

Infâme Gargouillard, va ! (*Zénobie et Grospoulot reparaissent et traversent au fond, venant à gauche.*)

ÉLISE.

Je fais mal, n'est-ce pas?... Je n'aurais jamais dû répondre à vos déclarations.

MAURICE.

Oh ! ne regrette rien... car ces moments si doux... (*Grospoulot et Zénobie s'embrassent.*) Entends-tu? Ce sont les oiseaux. Ils s'aiment aussi, eux. (*Maurice embrasse Élise.*)

ÉLISE, *à part.*

Quel dommage ! ce serait bien meilleur... si c'était à mon adresse. (*Nouveau baiser. — Ils s'asseyent sur le banc.*)

GROSPOULOT, *à Zénobie.*

Entends-tu ce ramage, ce doux ramage. (*Il embrasse Zénobie. — Ils s'asseyent sur les deux chaises de gauche.*)

MAURICE.

Quelle douce ivresse envahit mon cœur !... (*Il embrasse Elise*).

GROSPOULOT.

Quel moment enchanteur... Que ne dure-t-il toujours ! (*Il embrasse Zénobie.*)

ÉLISE, *à Maurice, se levant.*

Entendez-vous?

ZÉNOBIE, *sé levant.*

L'écho nous trahit.

(*Les deux couples se rapprochent insénsiblement; les deux femmes tiennent le milieu; Zénobie saisissant Elise par la main l'entraîne vers le fond. Elles sortent, les deux hommes voulant les rattraper dans l'ombre se heurtent.*)

SCÈNE X.

GROSPOULOT, MAURICE, puis FLIPOTTE.

GROSPOULOT, *criant* *.

Qui va là ?

MAURICE, *passant à gauche.*

Parbleu ! c'est moi... moi, Maurice.

GROSPOULOT.

C'est toi ? Tu m'as effrayé.

MAURICE.

Ma foi ! vous m'avez fait peur aussi.

* M. Gr.

FLIPOTTE, *arrivant du pavillon avec une lampe* *.

Quoi qu'y n'y a? quoi qu'y n'y a?

GROSPOULOT.

Rien... va-t'en.

FLIPOTTE.

Mais j'ai entendu des z-hurlements.

GROSPOULOT.

Laisse là ta lampe et va dans la cuisine.

FLIPOTTE, *pose sa lampe sur la table.*

Écoute toujours ton phirolosophe, tu t'en trouveras bien, va. (*Elle rentre dans le pavillon.*)

SCÈNE XI

GROSPOULOT, MAURICE.

MAURICE, *à part.*

Comment lui dire ?

GROSPOULOT, *de même.*

Par où commencer?

MAURICE, *regardant Grospoulot.*

Eh bien?

GROSPOULOT, *de même.*

Eh bien ?

MAURICE, *à part.*

Pauvre oncle !

GROSPOULOT, *de même.*

Pauvre ami! (*Après un moment de silence, ils vont l'un à l'autre, et se serrent la main. — Nouveau silence.*) Du courage !

MAURICE.

De la résignation !

* M. Fl. Gr.

GROSPOULOT, *à part.*

Il me fait de la peine !

MAURICE, *de même.*

Il me navre !

GROSPOULOT, *avec hésitation.*

Eh bien, ma femme ?

MAURICE, *embarrassé.*

Votre femme? Pauvre oncle! un homme si bon!... Ah! vous ne méritiez pas ça. Mais vous l'avez voulu, c'est vous qui avez trouvé le stratagème.

GROSPOULOT, *troublé.*

Explique-toi... je suis calme, très-calme.

MAURICE.

Eh bien... j'ai parlé à ma tante sous le nom de Gargouillard... lequel Gargouillard est loin de lui être inconnu.

GROSPOULOT, *passant à gauche* *.

Gargouillard est un homme mort.

MAURICE.

Il est aimé... très-aimé... et, malgré votre surveillance, il paraît que des lettres brûlantes étaient échangées.

GROSPOULOT, *tremblant.*

Naturellement, avec ta froideur, tu n'as pas osé prendre la main de Zénobie ?...

MAURICE.

Ah ! dame, il le fallait bien pour mon cinquième chapitre.

GROSPOULOT, *de même.*

Alors ?...

MAURICE.

Alors, ma tante, me prenant pour son adorateur, s'abandonnait aux charmes du plus passionné tête-à-tête. . Elle parlait avec une exaltation !...

* M. Gr.

GROSPOULOT.

Ensuite?

MAURICE.

Elle acceptait mes tendresses.

GROSPOULOT.

Après?

MAURICE.

Elle me prodiguait les doux propos...

GROSPOULOT.

Et puis?

MAURICE.

Et puis... que vous dirai-je?... de tendres baisers...

GROSPOULOT.

De tendres baisers?...

MAURICE.

Fort tendres!

GROSPOULOT, *passant à droite**.

Non, je ne te crois pas.., c'est un mensonge... c'est une calomnie... Tout cela est bon pour cette petite sotte d'Élise, une sainte Nitouche qui affecte des allures pudiques... et qui n'est qu'une coquette... Que dis-je, une coquette?... une coquine...

MAURICE.

Mon oncle, c'est vous qui calomniez... Élise est vertueuse.

GROSPOULOT.

Je t'en fiche!... Elle m'a répondu : « Ton bras, mon Ernest... » Oui, elle m'a appelé par mon petit nom... puis nous nous sommes arrêtés dans un bosquet d'où nous entendions les oiseaux qui se becquetaient.

MAURICE.

Ensuite?

* Gr. M.

GROSPOULOT.

Elle m'aimait depuis longtemps...

MAURICE.

Après?

GROSPOULOT.

Elle attendait l'instant de me faire ce doux aveu...

MAURICE.

Et puis?

GROSPOULOT.

Et puis... te le dirai-je?... de tendres baisers...

MAURICE.

De tendres baisers?...

GROSPOULOT.

Fort tendres!

MAURICE.

Mon oncle, c'est impossible!... je vous le répète, vous inventez!... Élise est innocente. C'est la rage qui vous fait perdre la tête... parce que vous avez la certitude que votre femme vous fait...

GROSPOULOT, *furieux.*

N'achève pas ou je... Tiens, si tu n'étais pas un gamin...

MAURICE.

Et vous, si vous n'étiez pas un vieillard...

GROSPOULOT.

Un vieillard, c'est trop fort...

MAURICE, *criant.*

Je me moque de vous!

GROSPOULOT, *de même.*

Je me fiche de toi!

MAURICE, *de même.*

Vieux toqué!

GROSPOULOT, *de même.*

Jeune idiot!

SCÈNE XII.

LES MÊMES, ZÉNOBIE, ÉLISE, FLIPOTTE.

(*Zénobie et Élise viennent d'une allée à droite; Flipotte sort du pavillon et reste sur le perron.*)

ZÉNOBIE*.

Eh bien! qu'y a-t-il?

GROSPOULOT, *à part.*

C'est elle, l'infâme!...

MAURICE, *de même.*

Élise!... Ah! mon cœur se révolte.

ZÉNOBIE.

Mais, je n'y comprends rien!... Ordinairement, à cette heure-ci, tu as déjà fait plusieurs parties de bézigue... et aujourd'hui... Comment, il est dix heures, et tu n'as pas encore lu ta *Patrie*?

GROSPOULOT.

La Patrie! *la Patrie*!... Madame ce journal servira bientôt à ses abonnés un fait divers des plus scandaleux... Que dis-je, *la Patrie*, c'est *la Gazette des Tribunaux*, madame.

ZÉNOBIE.

Mais tu as perdu la tête avec tes « madame. »

GROSPOULOT.

Pas un mot de plus, femme coupable!...

MAURICE, *à Élise.*

Ah! Élise, vous que j'aimais!.., (*Se reprenant.*) Que j'estimais...

ÉLISE.

Mais, monsieur, en quoi ai-je pu mériter qu'on ne m'estime plus?...

* M. Gr. Él. Zén. Fl.

MAURICE.

Vous ajoutez l'hypocrisie à la trahison.

ÉLISE.

La trahison?... l'hypocrisie?...

ZÉNOBIE.

Trève d'énigmes... Allons lire *le Cœur des femmes..* il paraît qu'il y a un cinquième chapitre qui est un chef-d'œuvre dans un chef-d'œuvre...

MAURICE.

Le cinquième chapitre?... Comment savez-vous?...

ZÉNOBIE, *riant aux éclats ainsi qu'Élise et Flipotte.*

Ah! vous nous avez bien amusées.

GROSPOULOT.

Vous riez, madame? Nous verrons si vous rirez devant vos juges, quand nous plaiderons en séparation...

ZÉNOBIE.

C'est moi, traître, qui te traînerai devant les tribunaux pour avoir séduit une jeune fille confiée à ta garde... et pour avoir fait suborner votre femme par votre neveu... (*Grospoulot et Maurice se regardent stupéfaits.*) Ma foi, j'aime mieux en rire. (*Elle rit plus fort.*) Va, je te pardonne.

GROSPOULOT.

Qu'est-ce que cela veut dire?

FLIPOTTE, *sur le perron.*

« Maurice, tu vas faire la cour à tante... »

GROSPOULOT ET MAURICE.

Hein!

FLIPOTTE.

« Je vais confondre la science, moi, un ex-marchand d'huile de foie de morue. »

GROSPOULOT.

Tu nous écoutais?

FLIPOTTE.

Tout juste, not'e maître.

ZÉNOBIE.

Et voulant fournir à monsieur Maurice un nouveau chapitre pour son *Cœur des femmes*, nous nous sommes prêtées à la circonstance, seulement avec un changement dans la distribution des rôles... « Donne-moi ton bras, mon Ernest. »

ÉLISE, *à Maurice.*

« Ah ! monsieur Gargouillard vous abusez de ma faiblesse pour vous. »

MAURICE.

Il se pourrait!... Comment Élise? (*Il lui baise la main.*)

ÉLISE, *à elle-même.*

Ah ! Ça me fait plaisir, car cette fois-ci c'est bien à mon intention qu'il m'embrasse.

GROSPOULOT.

Tiens, Zénobie, bats-moi, tue-moi, je suis un misérable! (*Passant devant sa femme.**) Mais aussi, c'est ce philosophe avec toutes ces maximes... Eh bien, que dis-tu de la défaite?

MAURICE.

Je dis que je recommencerai mon livre.

ZÉNOBIE.

Et au lieu de noircir le caractère des femmes, je vous engage à faire son éloge.

GROSPOULOT.

Ah çà ! mais... et le Gargouillard ?

FLIPOTTE, *descendant en scène* **.

Ah ! voici une nouvelle lettre, not'maître. (*Pendant la lecture, elle retourne à l'extrême droite* ***.)

GROSPOULOT.

Donne. (*Il ouvre la lettre et lit.*) « Petite, tes dédains,

* M. Él. Gr. Zén. Fl.
** M. Él. Gr. Fl. Zén.
*** M. Él. Gr. Zén. Fl.

loin de me décourager, m'enflamment davantage... Ils prouvent que tu es une vertu... D'ailleurs, ton nez retroussé me va, et je t'offre ma main. — Signé GARGOUILLARD. » Qu'est-ce que cela veut dire?

MAURICE.

C'est pour votre femme.

GROSPOULOT.

Du tout, Zénobie n'est pas à marier.

ZÉNOBIE.

C'est pour Élise, puisqu'il y a proposition de mariage.

ÉLISE.

Mais je n'ai pas le nez retroussé.

ZÉNOBIE.

Moi non plus.

MAURICE, *s'approchant de Grospoulot.*

Lisez l'adresse... c'est le moyen de savoir à quoi s'en tenir.

GROSPOULOT.

L'adresse, je la connais... puisque c'est la dix-huitième lettre que Flipotte me remet : (*Lisant.*) « A madame Grospoulot... »

MAURICE, *prenant la lettre.*

Et plus bas : « Pour remettre S. V. P., à mademoiselle Flipotte. »

TOUS.

Flipotte!

GROSPOULOT.

Comment Flipotte?

FLIPOTTE, *tâtant son nez.*

V'là ty qu'est drôle !... Je me doutais pas de ça, moi... Quel bonheur d'avoir un nez retroussé!

FIN

5-329 Paris. — Typographie Morris Père et Fils, rue Amelot, 64.

329 PARIS. - TYP. MORRIS PÈRE ET FILS, RUE AMELOT, 64.

www.ingramcontent.com/pod-product-compliance
Ingram Content Group UK Ltd.
Pitfield, Milton Keynes, MK11 3LW, UK
UKHW021040180726
13838UKWH00004B/1910